AF321167

LE PRINCE MURAT

ET

LA FRANC-MAÇONNERIE

A PROPOS DE

LA QUESTION ROMAINE

Par PAUL ROGER.

PRIX : UN FRANC

PARIS,

CHEZ TOUS LES LIBRAIRES,

Dépot chez Aumont, libraire, boulevard de Strasbourg, 33.

1861

Lorsque la Papauté, tournant avec plaisir ses regards vers le passé, espérait voir renaître les temps heureux où les rois et les peuples s'armaient à la voix du Saint-Siége, quels étaient ceux qui, malgré l'Inquisition et ses bûchers, s'efforçaient d'arrêter ce zèle ardent; quels étaient ceux qui s'écriaient, en présence des persécutions et des luttes religieuses :

« Fanatiques, vous rivalisez à qui donnera le plus de preuves de sa force ; mais nous, nous rivalisons à qui fera le plus de bien en ce monde.

» Nous sommes tous frères, quelles que soient nos croyances et nos doctrines.

» Vous êtes toujours prêts à dire: « Brûlez ces moissons, détruisez ces maisons, ensanglantez ces villes ; ce sont les biens et les demeures des hérétiques. » Et nous, en face de ces malheurs, nous prêchons les saints dogmes de la tolérance. »

Enfin, quels furent ceux qui dirent de tous temps à l'Eglise du moyen âge :

« Tu voudrais égorger quiconque ne veut point entrer sous ta domination, tandis que nous recevons dans notre sein tous les hommes, quelle que soit leur manière d'adorer Dieu, pourvu qu'ils respectent et pratiquent les lois naturelles. »

Ce furent les Initiés francs-maçons et leurs précurseurs. Sous des noms différents, ils commencèrent la grande lutte de la raison contre le zèle aveugle, de la science et de la lumière contre les ténèbres et l'obscurantisme.

Les souverains pontifes ne discutant point avec les

Francs-Maçons, les firent excommunier et persécuter par tout où ils purent les atteindre.

Lisez les bulles que les Clément XII, les Benoît XIV, les Pie VII et les Léon XII lancèrent contre les Initiés francs-maçons (1).

La dimension de cette brochure ne nous permet pas de remonter bien haut dans l'histoire de la lutte de la Franc-Maçonnerie et du Saint-Siége.

Contentons-nous de rappeler qu'à notre époque, depuis le jour où les rois coalisés rendirent à la cour de Rome une partie de son ancien pouvoir, la Papauté a cherché, par tous les moyens possibles, à étouffer la Franc-Maçonnerie.

C'était en 1814, la Sainte-Alliance n'était pas encore complétement victorieuse, et déjà Pie VII s'écriait dans une bulle: « *Les Francs-Maçons sont fauteurs de tous les crimes, de tous les vices, de toutes les abominations, coupables, enfin, du crime de lèse-majesté divine et humaine.* »

Quatre ans plus tard, en 1818, le roi de Portugal, à l'instigation de la cour pontificale, déclare que, dans son royaume, *les Francs-Maçons seront tenaillés avec des fers rouges qu'un prêtre bénira à chaque morceau de chair enlevé.*

En Espagne, n'est-ce pas encore à la voix du Saint-Siége que l'Inquisition ouvrit ses cachots, en 1819, dans la ville de Murcie, pour ceux qui étaient accusés de pratiquer la Franc-Maçonnerie?

---

(1) En 1759, le pape Clément XII excommunie les Francs-Maçons et prononce contre eux la peine de mort et la confiscation de leurs biens. Peine irrémissible et sans espérance contre ceux qui entreraient dans l'ordre. Ceux qui recevraient des réunions maçonniques sont menacés de voir leur maison démolie ; les personnes auxquelles il serait fait des propositions d'initiation devront dénoncer les adeptes sous peine des galères. (1742, bulle de Benoît XIV; 1814, bulle de Pie VII.)

Nous renvoyons aux bulles mêmes les personnes qui voudraient connaître jusqu'où alla l'intoléranee contre ceux qui prêchaient la tolérance.

Il serait bien long et bien triste surtout de rapporter ici toutes les trames ourdies par le gouvernement des papes pour détruire la Franc-Maçonnerie partout où se manifestait l'action régénératrice de cette institution.

I.

Connaissant parfaitement l'état des choses, le prince Murat brigua en 1852 la grande-maîtrise de l'Ordre maçonnique en France, et l'obtint.

C'était prendre l'engagement de maintenir cette institution dans les voies de progrès et d'indépendance qu'elle avait toujours suivies.

Ses premiers actes furent en rapport avec la mission qu'il avait recherchée. Il écrivait en 1856 à M. Berjot de Caen :

> Dieu, l'immortalité de l'âme et l'amour du prochain, voilà notre devise.
>
> De même qu'il y a un droit naturel, qui est la source de toutes les lois positives, de même il y a une religion universelle qui renferme toutes les religions particulières du globe. C'est cette religion universelle que nous professons ; et par conséquent nous accueillons tous ceux qui professent une religion particulière s'y rattachant. C'est cette religion universelle que le gouvernement professe, quand il proclame la liberté des cultes. Dire que nous sommes sans religion parce que nous en professons une qui les embrasse toutes, ce serait dire que tel homme nie la loi, parce qu'il reconnaît un droit naturel, suprême, immuable, d'où émanent les législations de tous les temps et de tous les lieux.
>
> (Le T∴ III∴ Grand-Maître prince LUCIEN MURAT au F∴ Berjot, de Caen. (*Bulletin du G∴ O∴*, n° de juin 1856).

Par ces paroles, le prince Murat proclamait alors la tolérance et s'engageait à ne jamais seconder, dans sa puissance temporelle, aucune religion persécutant les autres.

Voyons ce qu'il fit dans la suite ; transportons-nous au Sénat, au moment de la discussion de l'adresse à l'Empereur.

La Commission de l'adresse à l'Empereur se bornait à exprimer la confiance du Sénat dans le monarque « *qui couvre la papauté du drapeau français, etc.* » Les amis de l'autorité temporelle du Saint-Siége proposaient d'ajouter : «*et maintient à Rome la souveraineté temporelle du Saint-Siége, sur laquelle repose l'indépendance de son autorité spirituelle.* »

C'était, on le voit, la doctrine de l'ultramontanisme que l'on proposait au gouvernement français de professer solennellement, et la restauration du trône pontifical qu'on lui imposait pour l'avenir. Tel était l'amendement auquel s'est associé le prince Lucien Murat par son vote motivé comme suit : « Mon passé répond de l'avenir. Je ne suis pas suspect, et je voterai l'amendement. » (Longue agitation. — *Moniteur* du 7 mars 1861.)

Un homme ne se dédouble pas; nous respectons toutes les opinions, mais nous ne pouvons souffrir ceux qui crient en même temps d'un côté : Vive la liberté! vive la tolérance! et, de l'autre : Vive le despotisme! vive le droit divin!

La Franc-Maçonnerie tolérante respecte le catholicisme, puisque elle a toujours reçu dans son sein les membres de toutes les Eglises; elle respecte la Papauté comme elle respecte les représentants de toutes les sectes; mais elle ne peut point défendre et protéger le pouvoir temporel qui n'est ni la doctrine, ni le dogme, ni la foi, ni la religion, en un mot, mais l'intolérance elle-même, qui persécute les Francs-Maçons et s'efforce de les exterminer partout où s'étend sa puissance.

Nous ne parlerons pas ici de la candidature du prince Murat au trône de Naples, mais nous demanderons si c'est bien le Grand-Maître de la Franc-Maçonnerie qui, le 27 mars dernier, écrivait du château de Buzenval :

« La règle fondamentale de ma conduite serait bien différente de celle des hommes qui agitent l'Italie. Ceux-ci ont superposé au peuple italien des *confréries* de conspirateurs associés à toutes les révolutions européennes. Nous serions heureux, au contraire, de voir disparaître cette *aristo-cratie artificielle* de conspirateurs qui dispose de tout à son gré. Nous ne rechercherions pas l'amitié de ces agitateurs *cosmopolites* qui rêvent un remaniement territorial de l'Europe, mais celle de tout gouvernement doué de tendances conservatrices et progressives. »

Chacun sait que, sous ce nom de confréries de conspirateurs, la cour de Rome désigne spécialement les réunions franc-maçonniques.

II.

Pendant que le prince Murat abandonnait ses maximes de tolérance, voyons où conduisait son administration intérieure.

Sous l'impulsion du Grand-Maître, il fut décidé qu'une société civile serait constituée dans le sein de l'Ordre pour acheter un hôtel, rue Cadet, n° 16, afin de permettre aux Francs-Maçons d'être chez eux ; ils se rassemblaient alors dans la maison de la Redoute, rue de Grenelle-Saint-Honoré. L'hôtel de la rue Cadet fut acheté.

Depuis, une partie de l'hôtel de la rue Cadet a été louée à des étrangers.

Ensuite, le reste de l'hôtel spécialement réservé aux Loges est envahi par des sociétés de différente nature, auxquelles l'administration accorde la priorité sur les Francs-Maçons eux-mêmes.

Lorsque le Grand-Maître demandait l'achat d'un hôtel, il se fondait avec raison sur ce qu'il n'était pas convenable que les Francs-Maçons tinssent leurs réunions dans une maison où se trouvait un bal public.

Il voulait que les Francs-Maçons fussent tranquilles chez eux, et une partie de l'hôtel de la rue Cadet a été louée à un bal dont le bruit vient les troubler dans leurs travaux.

Ce bal est le Casino dont on a dit quelque part :

On sait ce que sont ces sortes d'endroits tolérés par la police des grandes villes comme des exutoires nécessaires. Les Francs-Maçons, sans être d'un rigorisme excessif, se sont vus avec grand déplaisir si mal entourés. Des filles aux fenêtres, des filles sur le trottoir, des filles sur le seuil, tel est l'encadrement de leur temple. On comprend les rencontres, les provocations résultant d'un pareil voisinage ; on devine les paroles qui volent dans l'air et que l'oreille du passant recueille sans le vouloir. Au milieu de tout cela, qu'on se représente des maris, des pères conduisant leur famille aux fêtes de leur Loge, et voyant leur femme et leurs filles confondues à l'entrée et à la sortie avec le personnel de l'établissement voisin !

Eh bien, voilà donc l'établissement qui se trouve dans l'hôtel d'un Ordre dont l'objet est, d'après le premier article de ses statuts, l'exercice de la morale universelle et la pratique de toutes les autres vertus.

La Franc-Maçonnerie livre une partie de son local à cet établissement, et elle écrit dans sa constitution et dans ses statuts :

Nul ne peut devenir Maçon et jouir des droits attachés à ce titre :

1° S'il n'est âgé de vingt et un ans accomplis ;

2° S'il n'est de réputation et de mœurs irréprochables ;

3° S'il n'a une profession libre et honorable, et s'il ne justifie de moyens suffisants d'existence. (*Art. 3 de la Constitution et 2 des Statuts généraux.*)

L'honnêteté ordinaire ne suffit pas pour devenir Maçon ;

Il est prescrit au Vén.·. d'user de la plus grande sévérité relativement à la moralité et a la réputation des Prof.·. qui aspirent à l'honneur d'appartenir à la Maç.·. et de s'assurer s'ils n'ont pas déjà été refusés par d'autres LL.·.

L'Ordre maç.·. ne peut étendre sa bienfaisante influence dans la société, que si le respect et la considération entourent chacun de ses membres. (*Article 16 de la Constitution.*)

Poursuivons cet examen.

Le Grand–Orient de France a fondé il y a huit ans, rue du Faubourg-Saint-Antoine, n° 295, une maison de secours pour ceux de ses membres qui, tombés dans la misère, ne peuvent se faire soigner lorsque la maladie vient les frapper.

Le Grand-Orient reçoit pour l'entretien de cette maison la moitié du tronc de bienfaisance de chaque Loge.

La maison de secours capitalise ses revenus en achat d'actions, et ne soulage ainsi que bien imparfaitement ceux qui vont frapper à sa porte.

Nous passons sous silence les griefs financiers.

Mais nous croyons utile d'inviter les membres de la prochaine assemblée à lire attentivement : *le Grand-Orient de France, la Société civile et les paysans du Danube; Examen des comptes-rendus de l'administration pour l'exercice de 1859.*

Que l'on juge maintenant par la citation suivante, empruntée au journal *les Nationalités*, jusqu'où peut aller l'abus du pouvoir dont est investi le Grand-Maître :

En France, le régime de la presse donne au Gouvernement une sécurité parfaite. On sait qu'aucun ouvrage n'y peut être publié sans avoir été déposé par l'imprimeur, de sorte que le Gouvernement peut toujours faire saisir une publication avant la mise en vente. Eh bien ! ces garanties qui ont paru suffisantes au Gouvernement, le pouvoir maçonnique ne s'en est pas contenté. La liberté de la presse, déjà si fortement réglementée en France pour tous les citoyens, a été restreinte tout particulièrement pour les Francs-Maçons. Il leur est interdit de publier aucun écrit qui n'ait été au préalable vu et autorisé par le Grand-Maître, et pour assurer encore mieux l'exécution de cette prescription, un imprimeur leur est imposé. Un décret du Grand-Maître enjoint à tous les Francs-Maçons de se faire imprimer par l'imprimeur du Grand-Orient de France. Nous ne savons si Ferdinand de Naples, père de François II, est jamais allé jusquelà. Ce roi de droit divin, qui savait son métier, disait avec beaucoup d'esprit : « Mes sujets n'ont pas besoin de penser, je pense pour eux; » mais il n'imposait pas à tous ses sujets un seul et même imprimeur. Les Napolitains se doutaient-ils qu'on pût faire mieux que lui dans l'art royal de museler les hommes ?

Hier encore une suspension était prononcée contre un homme dont le zèle est connu dans la Maçonnerie tout entière, contre Riche-Gardon, le fondateur de la loge *Renaissance* et du *Temple des Familles.*

Il avait écrit dans le journal *l'Initiation ancienne et moderne,* dont il est le rédacteur en chef :

Les propositions les plus efficaces, des ateliers, tendant à manifester au gouvernement et à la nation ce que la Société des Initiés peut accomplir en vue du règne de l'ordre moral, ont été écartées jusqu'ici par le Grand-Maître en son conseil.

. . . .

Les faits ont parlé si haut depuis quelques mois; le langage du prince Murat au Sénat comme dans la publicité a pris un caractère si bien accusé, et les conséquences de ce langage ont déterminé de la part même du chef de l'État de tels actes de désaveu et plus encore, que sans outrager le bon sens, nous ne pourrions refuser de dire avec un grand nombre de nos frères :

Oui, le Prince Grand-Maître avait des liens politiques qui paralysaient sa sollicitude pour l'essor intellectuel et moral de notre institution; on n'aurait jamais pu croire qu'il se serait trouvé parmi les adversaires des tendances les plus libérales du Gouvernement impérial. Après des faits aussi significatifs, aussi solennellement accomplis et dont les conséquences comminatoires ont été si graves; après l'appréciation faite par les journaux politiques de ce qu'ils ont appelé l'attitude du Grand-Maître de la Franc-Maçonnerie, il est trop évident que S. A. R. le prince Murat ne peut plus vouloir représenter officiellement la mission de l'Ordre maçonnique en France, surtout en présence des menées audacieuses de l'obscurantisme, qui fait tout, plus que jamais, pour calomnier notre institution, et faire le trouble moral dans le monde !

. . . .

Et un décret a répondu comme explication.

DÉCRET.

Nous Prince Lucien MURAT, Grand-Maître de l'Ordre maçonnique en France, vu l'article publié dans le numéro de mars-avril 1864 du journal l'*Initiation*, sous la rubrique *Grand-Orient de France*, et signé Riche-Gardon;

Considérant que cet article renferme des allégations contraires à la vérité; qu'il énonce des faits auxquels sont attribués plus ou moins gratuitement un caractère et un esprit antimaçonniques; qu'il est irrespectueux au plus haut degré envers le Grand-Maître en son Conseil ainsi qu'envers le Grand Maître de l'Ordre, dont il se permet de discuter les actes profanes;

Considérant qu'il ne saurait être, en aucun cas, permis de chercher à introduire dans la Maçonnerie la discussion de la conduite politique ou religieuse de ses membres, et, *à fortiori*, du Grand-Maître de l'Ordre, sans que la sécurité de l'Ordre soit directement menacée;

Vu les art. 2 (§ 2) et 52 de la Constitution, et 296 des Statuts généraux;

Notre Conseil entendu, avons décrété et décrétons :

Art. 1er. — Le journal revue l'*Initiation ancienne et moderne* est provisoirement suspendu.

Art. 2. — Le F∴ Riche-Gardon, signataire de l'article sus-mentionné et directeur-gérant de cette Revue, Vén∴ de la L∴ *le Temple des Familles*, est provisoirement suspendu.

Art. 5. — Notre Représentant particulier, grand officier d'honneur de l'Ordre, etc., est chargé de la notification et de l'exécution du présent décret.

Donné à l'Or∴ de Paris, le 2 mai 1861 (È v). *Le Grand-Maître de l'Ordre maçonnique en France*,

L. MURAT.

Par le Grand-Maître : *Le Représentant particulier du Grand-Maître, grand officier de l'Ordre, etc.,*

REXÈS, 55e

Et un second décret a prononcé la fermeture du *Temple des Familles*, qui cherchait à mettre en pratique les paroles que le Grand-Maître lui-même écrivait en 1856 à M. Berjot, de Caen.

DÉCRET.

Nous Prince Lucien MURAT, Grand-Maître de l'Ordre maçonnique en France,

Vu notre décret de ce jour, prononçant la suspension du F∴ Riche-Gardon, Vén∴ de la Loge *le Temple des Familles* ;

Attendu que ce F∴ a adressé au Grand-Maître une pl∴ dans laquelle, — parlant au nom des *Frères adhérents-sympathiques* à l'œuvre du journal-revue *l'Initiation*, aussi suspendu par notre susdit décret, — se retrouvent les sentiments et les idées qui ont inspiré l'article du journal-revue suspendu par le même décret ;

Attendu que la plupart des FF∴ sus-désignés font partie de la Loge *le Temple des Familles* dont le F∴ Riche-Gardon était le Vén∴ ;

Attendu d'ailleurs que la direction donnée aux travaux de cette Loge a été l'objet de diverses plaintes dont s'est ému le Grand-Maître en son Conseil dans ses séances des 18 février et 18 mars derniers ;

Voulant que l'Institution maçonn∴ donnée aux Atel∴ ne puisse, en aucun cas, couvrir une immixtion plus ou moins directe aux choses du domaine de la politique ou de la religion ;

Vu les art. 2 et 52 de la Constitution et 14 des Statuts généraux ; notre Conseil entendu,

Avons décrété et décrétons :

Art. 1er. — La Loge Saint-Jean, constituée à l'Or∴ de Paris sous le titre distinctif *le Temple des Familles*, est provisoirement suspendue.

Art. 2. — Notre Représentant particulier, Grand Officier d'honneur de l'Ordre, etc., est chargé de la notification et de l'exécution du présent décret.

Donné à l'O∴ de Paris, le **2** mai **1861** (È. v.) *Le Grand-Maître de l'Ordre maçonnique en France,*

L. MURAT.

Par le Grand-Maître : *Le Représentant particulier du Grand-Maître, Grand Officier de l'Ordre, etc.,*

REXÈS, 55e.

III.

Mais revenons aux actes politiques du prince Murat et -voyons comment la presse européenne les a jugés dans leurs rapports avec la Franc-Maçonnerie.

« Comment le Grand-Maître de l'Ordre maçonnique a-t-il pu se permettre d'attaquer les révolutionnaires italiens? Etait-ce à lui d'imiter son père, qui eut l'incroyable pensée de servir la contre-révolution et la sainte-alliance quand Napoléon succombait sous leurs coups, quand les vieilles aristocraties de l'Europe triomphaient de la France accablée?

» Emile de la BÉDOLLIÈRE. »
(*le Siècle*, dimanche 7 avril **1861**.)

Je regrette de n'avoir pas sous la main l'*Observateur de Bruxelles* et la *Gazette d'Augsbourg*, journaux auxquels j'aurais emprunté quelques citations sur le même sujet.

Voyons enfin comment l'Italie interprète la conduite du prince Murat.

En votant pour l'amendement qui avait pour objet la restauration du pouvoir temporel du Pape, le prince Lucien Murat semble du reste avoir voulu renoncer à l'honneur de représenter la Franc-Maçonnerie. La puissance temporelle de la Papauté et la Franc-Maçonnerie s'excluent réciproquement. Bien que cette dernière institution se place en dehors de tous les cultes, elle est incompatible avec un pouvoir qui la nie. Tant que l'anathème est purement théorique, tant que l'Église se borne à excommunier les Francs-Maçons et les vouer à l'enfer éternel, l'institution maçonnique, qui professe la tolérance la plus absolue en matière religieuse, n'a pas à s'en préoccuper. Aussi les temples des Francs-Maçons s'ouvrent-ils pour ceux-là mêmes qui acceptent l'autorité religieuse de l'Église qui les condamne. Mais cette tolérance ne peut s'appliquer au pouvoir politique qui change en fait ces condamnations et ces anathèmes. La papauté temporelle, ce n'est pas seulement la théorie de l'intolérance, c'est l'intolérance réalisée, c'est le glaive de l'Inquisition frappant la libre pensée, partout où il peut l'atteindre, au sein de la Franc-Maçonnerie, comme au sein de la société civile ; c'est l'ordre des jésuites, poursuivant partout son œuvre souterraine ; c'est la tête qui ordonne au bras de frapper comme un *bâton*, à l'esprit d'obéir comme un *cadavre*.

Il est évident que le prince Lucien Murat, en se ralliant solennellement à un pouvoir qui, non content d'excommunier les Franc-Maçons, les persécute, cessait de les représenter. Aussi s'attendait-on à lui voir, à la suite de son vote pour la papauté temporelle, donner sa démission de Grand-Maître. Il ne l'a point fait. C'est fâcheux pour sa considération comme Franc-Maçon et c'est maladroit comme prince prétendant au trône de Naples.

(Journal les Nationalités, 4 mai 1861.)

L'Europe, sur ce point, a été du même avis depuis Augsbourg jusqu'à Paris, depuis Bruxelles jusqu'à Turin.

Nous dirons aussi, avec le *Monde maçonnique* :

« On demande comment il se fait que le prince Lucien Murat, en prenant parti pour le régime de la Papauté organisée comme pouvoir politique, ne s'est pas aperçu qu'il se séparait, *ipso facto*, de l'Institution maçonnique, dont il avait été jusque-là le représentant officiel ? Une telle défection ne devait-elle pas être précédée de sa démission de Grand-Maître? Est-il possible, en effet, d'admettre qu'il puisse servir l'Ordre des Francs-Maçons et soutenir en même temps le pouvoir qui les poursuit et les persécute? Il est évident que, si le prince Lucien Murat veut de bonne foi le maintien et la restauration du gouvernement temporel du Pape, — et après son vote motivé le doute serait une injure, — il ne peut vouloir le maintien et le développement d'une Institution qui est niée par ce gouvernement et dont l'existence lui est odieuse. C'est en vain qu'on essayerait d'établir une distinction entre le prince Murat agissant comme prince italien et ce même prince agissant comme Grand-Maître. La même bouche ne peut souffler ainsi le froid et le chaud; la même face ne peut regarder à la fois le passé et l'avenir. La conscience humaine est une et indivisible; la diviser, c'est la détruire. A tout homme qui prétend servir deux intérêts contradictoires, la voix du peuple criera toujours : « Lequel de tes deux maîtres vas-tu trahir? »

IV

Pendant que le prince Murat se rattachait à la cour de Rome, dont l'esprit de résistance est tel qu'elle vient une fois de plus de déclarer :

« Qu'elle ne peut faire alliance, sans grave danger pour sa conscience et sans très-grand scandale pour tous, avec la société moderne dont l'œuvre a produit tant de maux que l'on ne peut assez déplorer, et qui a promulgué tant de principes, d'opinions détestables et d'erreurs. » *(Allocution prononcée par Pie IX dans le consistoire secret du 18 mars 1861.)*

Pendant que le prince Murat demandait le royaume de Naples en s'alliant à un pouvoir qui persécute ceux dont il est le Grand-Maître,

Les vœux de plusieurs Loges se sont portés vers celui qui, toujours dans une noble attitude, s'est le plus rapproché des principes libéraux de la Franc-Maçonnerie ;

Vers le prince Napoléon, enfin, qui, dans la question romaine, se plaçait au Sénat au rang des plus zélés défenseurs des amis de la tolérance.

Si S. A. ne se porte point à la candidature de la Grande-Maîtrise, c'est qu'il y a des princes qui demandent et d'autres qui attendent qu'on vienne au-devant d'eux.

Voici comment le Grand-Orient de France interprète cet espoir dans la partie officielle du dernier numéro de son bulletin :

Une intrigue ourdie par quelques Maçons désireux de se servir de la Maçonnerie pour donner satisfaction à leurs passions politiques, a tenté d'introduire dans l'Ordre, à l'occasion de l'élection du GRAND-MAITRE, une scission dont les conséquences eussent été, — au moins, — de donner à notre Institution un caractère politique . . . .

On avait imaginé de se servir du nom d'un illustre et haut personnage, S. A. I. le Prince Napoléon. . . . .

Le GRAND-MAITRE, dans sa volonté de n'entrer en lutte, dans aucun cas, contre un des membres de la famille de l'Empereur, a fait demander au prince Napoléon s'il était vrai qu'il fût candidat à la Grande-Maîtrise, auquel cas il était prêt, non-seulement à se retirer, mais à lui donner tout son concours.

Le prince Napoléon a répondu : « Que non-seulement il n'était pas candidat, mais qu'il n'avait pas entendu parler de la Maçonnerie depuis 1852 ; qu'il ignorait qui avait pu lui prêter cette intention ; qu'il n'avait autorisé jamais une pareille pensée ; et qu'il autorisait, au contraire, la dénégation la plus complète. »

. . . .

Ces dernières paroles, si textuelles qu'elles puissent être, prouvent seulement que le prince Napoléon ne s'est point porté de lui-même à la candidature de la Grande-Maîtrise.

Mais elles ne montrent pas qu'il refuserait la Grande-Maîtrise, si elle lui était offerte par les Loges en masse et non séparément, les unes après les autres, comme elles l'ont fait jusqu'à présent.

Enfin, quoi qu'il arrive, il sera toujours le candidat de ceux qui regardent l'Institution maçonnique comme devant conserver l'harmonie entre la pensée gouvernementale et l'idée du progrès.

Paris. — Imp. de L. Guérin, rue du Petit-Carreau, 26.